Ida Bohatta

Familie Braun

ars edition

Im Frühjahr wachen die Bären auf.
»Schön guten Morgen, wie hast du geruht,
mein liebes Frauchen?« »Ich danke, recht gut.«
Dann stehen sie auf und waschen sich fein
und gehen spazieren, natürlich zu dritt,
denn das Bärenkindchen nehmen sie mit.
So wandern sie zum Herrn Nachbar Brumm,
der wohnt gleich links um die Ecke herum,
und wünschen ihm alle mit fröhlichem Sinn
viel süßen Honig und einen Pelz
und angenehmen Frühlingsbeginn.

IBM

Wenn unser Bärchen Pilze sucht,
dann helfen ihm die Vögelein.
Die Meise singt: »Ziwitt, ziwitt,
den braunen Herrenpilz nimm mit!«
Das Täubchen ruft: »Gurru, gurru,
den Pfifferling, den nimm dazu!«
Das Finklein schreit: »O Schreck, o Schreck,
so rot mit Tupfen – den wirf weg!«
Rotkehlchen aber piepst ganz fein:
»Ich glaub, es wird am besten sein,
du zeigst die Pilze noch zu Haus
der Mutti, denn die kennt sich aus.«

IBM

Ich geh zum Kaufmann Allesda
und kaufe Schmalz und Butter ein;
und dann zum Zwerglein Wurzelklein,
das gibt mir feine Kräuterlein,
da mach ich draus ein Süppchen.

Bist du recht artig, kann es sein,
es legt die Waldfee Wunderfein
was Süßes in den Korb hinein.
Drum sei hübsch brav und lauf nicht weg
und spiel mit deinem Püppchen.

»O weh, o weh, ich armer Bub,
ich habe mich im Wald verirrt
und kenne mich nicht aus!«

»Du sollst nicht länger weinen,
ich führe dich nach Haus.
Der Vogel Specht fliegt uns voraus,
er kennt den Weg zum Glück
und klopft schnell an der Türe an,
daß Mutti es gleich hören kann:
Poch, poch, dein Kindchen
kommt zurück!«

Wenn Mutter Braun den Waschtag hat,
dann geht Herr Brummchen in den Wald.
Es bleibt zum Kochen keine Zeit,
drum ißt man eben mittags kalt.
Herr Brummchen sammelt Beeren ein,
und weil er sie so gerne mag,
drum freut sich der Herr Brummchen heut
schon auf den nächsten Wäschetag.

IBM

Wie riecht das gut, wie riecht das fein!
Frau Mutter Braun kocht heute ein.
»Ich bitte, liebe Bärenfrau,
wie ist denn das Rezept genau?«
»Ich nehm drei Pfoten Heidelbeeren,
doch, bitte, ja nicht zu vergessen,
man muß nach Bärenpfoten messen,
den Zucker geb ich nach Gefühl,
und dann ein wenig Wasser dran,
ein bißchen bloß, sonst brennt es an.
Natürlich auch die ganze Zeit
gut rühren, gelt. Doch ist bestimmt
von allergrößter Wichtigkeit,
daß man die rechten Maße nimmt.«

IBM

»Im Lesen und Rechnen Unterricht,
läßt Mutti sagen, brauch ich nicht.
Und schreiben kann ich auch genug,
denn Mutti meint, das wär nicht wichtig.
Bloß brummen kann ich noch nicht richtig.«

»Schon recht, mein Kleiner, sei nicht bang,
komm nur recht pünktlich zum Gesang,
am Donnerstag von fünf bis sieben,
da wollen wir die tiefen Töne
recht fleißig miteinander üben.«

Herr Papa Braun, der liegt schon brav
im allertiefsten Winterschlaf.
Die Mama aber ist noch wach
und hält ein Buch in ihrer Hand,
»Die Bärenmode«, letzter Band,
da drinnen liest sie aufgeregt,
wie man den Pelz im Frühjahr trägt.
Der Winterpelz will nicht mehr passen,
doch weil das Wirtschaftsgeld vielleicht
für einen neuen Pelz nicht reicht,
wird sie den alten ändern lassen.

HON
IBM

Bilderbücher
zum Aussuchen,
gemalt und geschrieben
von Ida Bohatta
als Begleiter der Kinder
durchs ganze Jahr

Auf sechs Beinchen
Der Blumenstrauß
Brave und schlimme Beeren
Brumm und Braun
Doktor Allesgut
Eisbärli
Familie Braun
Hallo! Unfallstelle!
Heinzel Triller
Heinzel wandert durch das Jahr
Heinzel wandert durch den Tag
Der Heinzelwirt
Die lustigen Springer
Mäuschensorgen
Regentropfen
Sammetpfötchen
Schneckenpost
Schufti
Der verkannte Bimpfi
Wulli und Susi

ars edition

Ausstattung und Herstellung ars edition
Printed in West-Germany · ISBN 3-7607-6017-1